Marion Jana Goeritz

Wahre Traumtänzerin

Bibliografische Information der Deutschen Nationalbibliothek:

Die Deutsche Nationalbibliothek verzeichnet diese Publikation in der Deutschen Nationalbibliografie; detaillierte bibliografische Daten sind im Internet über http://dnb.dnb.de abrufbar.

© 2016 Marion Jana Goeritz

Coverbild: Marion Jana Goeritz

Herstellung und Verlag: BoD – Books on Demand, Norderstedt

ISBN: 978-3-7392-3556-1

Herzlich Willkommen liebe Leser,

vieles trägt ein Mensch mit sich durch die Zeit.
Mutig ist, wer sich dem stellt, was ihm seine Seele flüstert.
Ich verarbeite, viel durch das Schreiben, und kann so meinen Gefühlen, auch Gedanken, Raum geben. Dem Reflektieren zu getan, kann ich so entscheiden, ob sie auch überleben dürfen.
Wenn vielleicht auch nur, zur Erinnerung.

Herzlichst
Marion Jana Goeritz

Wenn die Glocken läuten
und ihr Klang
durch die Zeit hallt
wenn meine Gefühle
ganz leise werden
und dein Herz zu mir spricht
wenn meine Angst
vergessen ist
und unsere Liebe lebt
dann sind wir zusammen

Meine Fragen der Nacht
finden deine Träume
sie erzählen mir
bis zum Morgen
und wir
finden eine Lösung

Deine Kraft
lockt mich aus der Reserve
nichts
ist mehr wie es einmal war

Nie wieder einsam
nie wieder einsam zu zweit
nur noch ein wir

Entscheidungen in der Nacht
sind am Morgen
manchmal schaal
denn das Sonnenlicht
erhellt sie
Entscheidungen in der Nacht
sind bis zum Morgen
manchmal noch gewachsen
denn die klare Sternennacht
wachte über sie
und strahlte die Wahrheit
bis hinein in den Morgen

Dein Wille von Heute
ist im Morgen
nicht lebbar

Traumlichter
erhellen meine Nacht
ich schau ihnen
beim Tanzen zu
und weiß um ihr Ende
geben wir auf uns acht
lassen wir uns aus unserem
Luftschloss vertreiben
und ziehen hinaus in die Welt
für uns
wird sie nie wieder
kalt erscheinen

Falsche Liebe
im Herzen getragen
Ausweg
war nicht in Sicht
bis er sie fand
und er sich wieder fühlte

Schaltfläche
Liebespult
nur rotes Leuchten

Wenn du suchst
nach deinen Träumen
wenn ich suche
nach meinen Träumen
glaubst du
wir werden uns treffen

Gedankenspiele
bunt und schön
ich werde euch besuchen
auch
wenn du es nicht möchtest
ich werde euch besuchen
und ich bleibe
genau drei Tage

Wenn deine Stimme
in meiner Seele erklingt
spielte früher
eine Sehnsuchtsmelodie
heute fühle ich
Dankbarkeit
Und wieder
klingt in mir diese Melodie

Ganz zu Haus
bin ich in unserer Seele

Die Wahrheit
die in dieser Nacht
geboren wurde
lebt in uns beiden weiter
du trägst sie hinaus
ins Freie
und alles wird gut

Verrückte Bilder
im Kopf
Leise Gefühle
im Herzen

So wie dein inneres Kind lebt
bringt es den Mann
in Schwulitäten

Gedankenlärm
beseitigt

Und auch
wenn ich es nur glaube
ich mag dich
selbst
wenn du es mich
wissen lassen würdest
ich würde dich mögen
auch
wenn du mich es fühlen lässt
ich mag dich
mindestens

Warteleben
verprellt

Zu hohe Flammen gelöscht
Feuer flackert
in seiner Schönheit
es knistert
herzerwärmend
helle Zeit

Aus dem Reich meiner Mitte
steigt die Liebe empor
Steg um Steg
auf der Leiter
meines Seelentraumes

Wahnsinn und Verrücktheit
führen in der Liebe
Langeweile ade

Manchmal
fühle ich durch dein Bild
Veränderungen
kommen auf dich zu
fühle ich in mein Leben
fühle ich
es hat nichts mehr mit mir tun
manchmal
fühle ich durch dein Bild
meine Angst ist unbegründet
fühle ich in mein Leben
fühle ich
es hat nichts mehr
mit mir zu tun
manchmal
fühle ich durch dein Bild
meine Schritte

werden langsamer
fühle ich in mein Leben
fühle ich
es hat mit mir zu tun
manchmal
fühle ich durch dein Bild
es hat nichts mit mir zu tun
das du traurig bist
fühle ich in mein Leben
fühle ich
ich habe dich bereits vergessen
manchmal
fühle ich durch dein Bild
meine Sinne
habe ich wiedergefunden
mein Frau sein
meine Liebe

fühle ich in mein Leben
fühle ich
ich bin angekommen
manchmal
fühle ich durch dein Bild
du Unbekannter
hast mich
an deine Hand genommen
fühle ich in mein Leben
fühle ich
ich lass sie nie wieder los

Im Anderssein
dem Anderen
Hilfe sein
Freundschaftssache

Wahrheit pur
gemäßigtes Klima war
doch das denkst nur du
sie werden dich lieben

Du bist nicht gefallen
im Gegenteil
jetzt stehst du auf
geh mein Freund
sei gewiss
ich bin immer da

Ich glaube
ich habe gelernt
ich glaube
du hast mir geholfen
ich glaube
du hast mich
manchmal vermisst
ich glaube
du vermisst mich auch heute
ich fühle
du bist nicht bei dir
ich fühle
du hast oft Kummer
ich fühle
du brauchst mich
ich fühle
du hast nichts zu verlieren

ich fühle
für dich ist es schwer
auf mich zu zugehen
ich fühle
ich werde gehen
doch ich fühle auch
wenn deine Schritte
schneller würden
deine Liebenswürdigkeit
den Mann erwachen
ich würde dir helfen
deinen Mut zu gebären

Fang ich das Licht der Nacht
mögen manche
die Sterne meinen
doch ich
hab die Wahrheit gefunden

Faltenfreie Haut
im Alter
egal
wer sieht da schon noch gut
wir beide nun doch noch
wir haben es
auf den Punkt gebracht
ich kauf mir eine Brille
setzt deine Brille ab

Alter Sack
voll mit Überraschungen
und das alles nur für ihn
warum bin ich nicht Mann

Tanzende Leichtigkeit
ich wünsch mir
das sie bleibt

Chaosbegegnung
war im Gefühl
und jetzt
ist es Liebe

Pailletten
glitzern auf violettem Stoff
das Licht spielt hell
Muster
fallen auf meinen Körper
Zeichen aus ferner Welt

Frischer Wind im Gesicht
liebevolle Seelengedanken
bringen Gefühle
ans Licht

Flammen werfen
Licht
auf meine Seele
fremdes Land
erkundet
und einverleibt

Fester Boden
Sonnenlicht gräbt sich ein
bringt das Licht
zum Staunen
es geht um uns zwei

Freigefühl
Gedanken frei
freier Mensch
doch
will er es noch sein

Schönheitswolke
dort am Himmel
erzählt nicht viel
zieht schnell vorbei
doch frag ich mich
könnte sie mir sagen
willst du wirklich
mein Freund nur sein

Rollendes Gelächter
durch die Nacht
Neonlichter
leuchten grell
kalte Stadt
so fremd bist du

Die Farbe
meines Herzens
meist
immer noch du

Träume mich davon
aus alten Zeiten
fang die Sonne ein
mit meinen Gedanken

Lass meine Zweifel fühlen
ob auch die Tage überleben
könnten

Alles
war möglich
Liebe
Freundschaft
Nichts

Gedankenstricke
eingeholt
Gefühle
Fahrt voraus
wird es jemanden geben
der uns
eine gute Reise wünscht

In Windeseile
Koffer packen
und dann ein Leben
für zwei
in Liebe

Strandgeflüster
Meeresrauschen
glitzernde Ringe
tiefe Blicke
seliges
fast verstehen
Feuerwerk

Detektivspiel
Seelen verstecken sich
wird verschenkt

Fallschirm in der Nacht
Reißleine gerissen
überleben gesichert

Immer während fort
was könnte das wohl sein
das
was ich
nie wieder missen möchte
Lebendigkeit
immer wieder
endlich
begeistert
einer mich

Endlosschleife
falscher Mann
gerissen

Schlafgelegenheit Seele
Verpflichtung wächst

Drachenblut
Feuerspein
drei mal schwarzer Magier
vorbei ist deine Stichelei
das Licht zurück
und du weichst ihm
aus seiner Seele
wächst empor
die Hoffnung grün
und voller Pracht
Engelswelt behütet ihn
es ist vollbracht

Bescheidenheit
in der Seele
fremdes Land
so nah

Warum Menschenfreund
Auf Liebesfang

Gestrandet
am Fluss der Genügsamkeit
weil Liebe alles ist
was die Seele braucht
und der Mensch sich wünscht

Mosaiksteine gefunden
passen sie in mein Leben

Stolzer Mann
dein Geweih ist noch ganz
dein Kampf im Inneren
tut dir nicht gut
kämpf mit Mut

Fenster auf
Sonnenlicht
tanzende Strahlen
auf einer grünen Wand
und auf dem Gesicht
lassen fühlen
das Herz ist in Gefahr
es schlägt zu hoch
beim Seelenbesuch

Schreibe die Welt auf
die meine ist
schreibe meiner Seele Wünsche
in den Tag
schreibe mit Lust
am Schreiben
und schreibe
wie ich es mag

Fragst du die Welt
nach ihrem Gang
frag auch
deine Seele nach ihrem Drang
folgst du deiner Seele
auf ihrem Weg
siehst du den Weltengang
und kannst ihn
doch nicht verstehen
wirst du erfahren
ob die Welt
deinen Weg mitgeht
oder versteht

Halte deinen Brief
in meinen Händen
weiß ich
was du geschrieben hast
Angst
habe ich schon
vor Tagen gefragt
ob es mir weh tun wird
ging vom Schlimmsten aus
habe viele Tränen vergossen
Seele rappelt in meinem Bauch
später mache ich den Brief
dann mal auf
doch lässt er mich
nicht schlafen
komm nicht mehr zur Ruh
habe meinen Mut gefragt

ob er kommt
zum Brief dazu
ich setze mich
meine Hände zittern
mein Herz in Angst
meine Seele flattert
ein weißes Blatt Papier
halte ich in meinen Händen
darin ein Bild
von einem Mann und dir
mein Herz es lacht
meine Seele strahlt
ich fühle nun
die Liebe
lebt in dir
und ich komme euch besuchen

Die Musik meines Herzens
spielte deine Seele
einmal für mich
sie spielte
manchmal zärtlich verlogen
heute bin ich nicht mehr böse
auf dich
ich freu mich für dich
für dein Leben
deine Liebe
freu mich
das es dich gibt
Erinnerungen
in meinem Herzen bewahrt
mit einem süßen Lächeln
auf meinem Gesicht

Durchschaut
transparente Lage
Gefühle
fielen im Meer der Nacht

Laken erzählten
von der Nacht
vom Schweiß
im Angesicht der Angst
Einsilbigkeit hat erkoren
was die Seele hat gewusst

Gefühlsbeet bepflanzt
die Ernteeinfuhr wird geteilt

Gereist
durch Raum und Zeit
bis zum großen Hafenbecken
Anker
ist noch nicht geworfen
Augen
suchen noch nach mehr

Frisch pflückt
die Morgensonne
den letzten Tropfen
der dunklen Nacht
unsere Freundschaft
sie kann wachsen
wenn du deine Seele fragst

Von Marion Jana Goeritz ebenfalls beim Verlag BoD erschienen (BoD Books on Demand, Norderstedt, nähere Informationen finden Sie unter www.BoD.de)

„Liebe für die Seele Band 1"
ISBN 978-3-7357-4045-8

„Liebe für die Seele Band 2"
ISBN 978-3-7357-7734-8

„Seelenweiß"
ISBN 978-3-7347-5769-3

„Seelen essen Liebe gern"
ISBN 978-3-7347-8706-5

„SeelenEngel" ein spiritueller Erfahrungsbericht
ISBN 978-3-7386-2588-2

„SeelenSchlüssel"
ISBH 978-3-7386-3844-8

„Seelenfarben"
ISBN 978-3-7386-3947-6

„Seelenschimmer"
ISBN 978-3-7386-4014-4

„Seelenfinden"
ISBN 978-3-7386-4037-3

„Ein Gefühl meiner Seele"
ISBN 978-3-7386-1506-7

„Seelenfrieden" Danken, Bitten, Entspannung
ein persönlicher Erfahrungsbericht
ISBN: 978-3-7386-4884-3

„Seelenweihnacht"
ISBN: 978-3-7386-5616-9

„Im Land unter dem Regenbogen" Wunderbare
Märchen und unglaubliche Geschichten
ISBN: 978-3-7392-0115-3

„Freddy und seine Geschichten"
ISBN: 978-3-7386-3321-4

„SeelenWorte"
ISBN: 978-3-7392-0455-0

„Herzanker"
ISBN: 978-3-7392-3482-3

„Im Fluss der Liebe"
ISBN: 978-3-7392-3489-2

„Seelenklänge"
ISBN: 978-3-7392-3532-5

„Liebeslied"
ISBN: 978-3-7392-3548-6

Weitere Informationen zu Neuerscheinungen finden Sie immer auf meiner Seite

www.buchkaleidoskop.Reikipraxis-Goeritz.de